Inhalt

Diversity Management

Kernthesen

Beitrag

Fallbeispiele

Weiterführende Literatur

Impressum

Diversity Management

I.Zeilhofer-Ficker

Kernthesen

- Das Diversity Managment will durch die aktive Nutzung der Unterschiedlichkeit der Mitarbeiter den Unternehmenserfolg steigern.
- Damit die Vielfalt der Mitarbeiter in Bezug auf Geschlecht, Rasse, Alter, religiöse und sexuelle Orientierung oder andere Kriterien als Erfolgsfaktor genutzt werden kann, müssen alle Aktivitäten die Individualität jedes Einzelnen bewusst berücksichtigen.
- Den Erfolg von Diversity Managment kann man messen an demographischen Belegschaftsdaten, der Mitarbeiterzufriedenheit, dem Image als Arbeitgeber und Mitglied der Gesellschaft, aber auch an der Kundenzufriedenheit und

am wirtschaftlichen Erfolg.

Beitrag

Historie

Gastarbeiter gibt es in Deutschland in größerem Ausmaß schon seit in den 70er Jahren, als die anfallenden Arbeiten von deutschen Arbeitnehmern nicht mehr bewältigt werden konnten. Waren diese Gastarbeiter hauptsächlich für schlecht bezahlte Tätigkeiten in Produktionsbetrieben oder im Dienstleistungsbereich eingesetzt, so sind heutzutage, durch die fortschreitende Globalisierung der Wirtschaft begünstigt, in Deutschland eine Vielzahl von Menschen verschiedenster Rassen und Kulturen auch in Funktionen tätig, die ihnen Spitzengehälter und großes Ansehen garantieren.

Machte man sich in früheren Jahren über die Integration der Gastarbeiter kaum Gedanken, so ist die Integrationsförderung und die Bekämpfung von Rassismus und Fremdenfeindlichkeit neuerdings sogar im Betriebsverfassungsgesetz festgeschrieben. Betriebsräte wurden zum Vorgehen gegen rassistische Tendenzen verpflichtet. (1)

Auch im Hinblick auf Teilzeit-Möglichkeiten für ältere Mitarbeiter, die Förderung von Frauen, Eltern, Behinderten und Homosexuellen hat der Gesetzgeber neue Regelungen geschaffen, die die Chancengleichheit von allen Menschen gewährleisten sollen.

Das Prinzip Diversity Management kam mit der fortschreitenden Globalisierung von den USA nach Europa. Da sich im Einwanderungsland USA Menschen verschiedenster Rassen und Kulturen mischten, war man gezwungen, auf die verschiedenen Bedürfnisse dieser Menschen speziell einzugehen. 1998 praktizierten dort bereits 75 % der Fortune-500-Unternehmen Diversity Management. Diversität ist in Deutschland deshalb hauptsächlich in multinationalen Konzernen Thema, oft in Tochtergesellschaften von US-Firmen und in Unternehmen wie Fluggesellschaften, deren Kernkompetenz mit Internationalität eng verbunden ist. (2)

Diversity im Betrieb

Der Zusammenschluss Europas, die Globalisierung der Wirtschaftsbeziehungen, aber auch die länderübergreifenden Mergers and Acquisitions bedingen oft die Zusammenarbeit von Menschen unterschiedlicher Herkunft und Kultur. Männer und Frauen arbeiten zusammen, ältere und jüngere Mitarbeiter ergänzen sich durch Erfahrungsaustausch, Behinderte und Homosexuelle bringen ihre individuellen Stärken und Fähigkeiten in das Firmengeschehen ein, Kollegen aus verschiedensten Ländern der Welt, von verschiedener religiöser Überzeugung öffnen unseren Blickwinkel auf das "Anderssein". All dies ist tagtägliche Realität in deutschen Unternehmen.

Diversity Management geht aber einen Schritt weiter. Durch verschiedene Strategien, Programme und Trainings versucht man, die Verschiedenheit von Menschen als Instrument zur Steigerung des Unternehmenserfolges einzusetzen. (2)

Diversität im Unterschied zu herkömmlichen Förderkonzepten

Während herkömmliche Förderkonzepte wie z. B. die Frauen- oder Behindertenförderung auf Gruppen abzielt, ist das Diversity Management ein individualisierendes Konzept. Es trägt dadurch der Tatsache Rechnung, dass Angehörige einer Gruppe nicht unbedingt immer dieselben Bedürfnisse haben werden. Arbeitende Mütter mit Kindern werden sich wohl eher von Teilzeit- oder Kinderbetreuungsangeboten angesprochen fühlen, unabhängige Singlefrauen mit Karrierewunsch von Angeboten zur Qualifizierung und Weiterbildung. Gleiches gilt natürlich für Männer, für Angehörige verschiedener Kulturen und Religionen oder sexueller Orientierung. Auch wenn Sie der gleichen Gruppe angehören, haben sie als Person individuelle Bedürfnisse und Anforderungen.

Was bringt Diversity Management den Unternehmen

Diversity Management zielt darauf ab, die Chancengleichheit eines jeden Mitarbeiters zu wahren und durch einen Kulturwandel im Unternehmen eine multi-kulturelle Organisation zu schaffen. Eine These des amerikanischen Politologen Richard Florida besagt, dass wirtschaftlicher Erfolg und wirtschaftliches Wachstum stark vom Anteil an kreativen Menschen abhängig ist. Kreativität wiederum gedeiht am besten in einer Umgebung von kultureller und sozialer Vielfalt. Diversity Management bildet deshalb das Fundament für eine Arbeitsumgebung, die Ideen, Kreativität und Innovationen fördert und dadurch zum zukünftigen wirtschaftlichen Erfolg eines Unternehmens beiträgt.

(3)

Außerdem gewährleistet ein multi-kultureller Mitarbeiterstamm, dass die Wünsche und Vorstellungen auch von Minderheiten in die zukünftige Entwicklung von Produkten und Dienstleistungen einfließen und dadurch ein größerer Kundenkreis angesprochen werden kann. Nur eine große Sensitivität gegenüber den Gepflogenheiten in anderen Kulturkreisen und das Eingehen auf die speziellen Anforderungen dieser Menschen wird sie zu künftigen Kunden machen. (4)

Diversity Managment hilft auch, alle verfügbaren Arbeitsmarktpotenziale zu nutzen. Dadurch steigt nicht nur die Qualität der Bewerber sondern auch das Image als Arbeitgeber.

Durch die Wertschätzung von Individualität wächst die Zufriedenheit der Mitarbeiter, geringere Abwesenheitsraten und Fluktuation sind das Resultat. Auch die Produktivität von Teams wird durch die Zusammenarbeit von Menschen verschiedensten Hintergrunds erhöht, die Kreativität und Innovationskraft wird verbessert.

Diversity Management einführen

Oft gibt die Notwendigkeit der Integration von verschiedenen Firmenkulturen bei internationalen Übernahmen oder Verschmelzungen den Anstoß zu Strategien oder Programmen, die auf das Diversity Management abzielen. Einzelmaßnahmen wie interkulturelle Trainings, Frauen- oder Behindertenangebote, Programme für ältere Mitarbeiter aber auch die von der EU beschlossene Strategie des "Gender Mainstreaming" können ein Anfang sein.

Will man Chancengleichheit als umfassende neue Grundhaltung im Unternehmen herstellen, muss vor allem die Unternehmensleitung hinter dem Konzept stehen. Die Bereitschaft, Diversität in bestehende Strukturen und Prozesse einzugliedern, sollte mit Trainings und Workshops zum Thema kombiniert werden. Bei Neueinstellungen muss auf Diversität der Mitarbeiter geachtet werden, Beurteilungssysteme, Beförderungen und Vergütungen müssen Chancengleichheit für alle Mitarbeiter sicherstellen. Dieser Prozess ist ein langwieriger - der Kulturwandel hin zur Diversität kann Jahre dauern.

Bausteine des Diversity Managements

Gleichbehandlung der Geschlechter

Weibliche Angestellte verdienten im Jahr 2001 durchschnittlich 30 % weniger als ihre männlichen Kollegen, bei Arbeiterinnen ist die Differenz immerhin noch 26 %. Das von der EU initiierte Programm "Gender Mainstreaming" soll die Chancengleichheit der Geschlechter fördern. Dabei muss jede Entscheidung im Hinblick auf Chancengleichheit überprüft und wenn nötig korrigiert werden. Das Programm ist bereits in vielen deutschen Kommunen und Verwaltungen angelaufen und soll u. a. gewährleisten, dass künftige Tarifverträge keine Lohnungleichheit zwischen Männern und Frauen mehr festschreiben. (5) Im Rahmen des Diversity Management wird jede Firma ihre Vergütungs- und Beförderungssysteme sowie Weiterbildungsangebote daraufhin überprüfen, ob Männern und Frauen bei gleicher Leistung gleiche Chancen eingeräumt werden.

Angebote für Eltern

Um vor allem für Eltern bessere Arbeitsbedingungen zu schaffen, hat der Gesetzgeber 2001 das Recht auf die Reduzierung der persönlichen Arbeitszeit auf eine Teilzeitstelle festgeschrieben. Auch kann die sogenannte Elternzeit nach der Geburt eines Kindes nun von beiden Elternteilen gemeinsam in Anspruch genommen werden. Da künftig durch die Bevölkerungsentwicklung weniger geeignete Fachkräfte zur Verfügung stehen werden, wird sich bald kaum eine Firma mehr leisten können, auf gutausgebildete Frauen zu verzichten, die wegen der Kindererziehung keine Vollzeitstelle annehmen können oder wollen. (6) Auch der Trend zur Elternzeit von Vätern vergrößert sich langsam aber stetig.

70 Prozent der Frauen finden ihre Familie wichtiger als ihre Karriere und immerhin schon 44 Prozent der Männer denken genauso. (9) Will man diesen engagierten Eltern, egal ob Mann oder Frau, einen attraktiven Arbeitsplatz bieten, sind Angebote für Teilzeitstellen Pflicht. Aber auch Flexibilität in Notfällen, Telearbeitsplätze, Kinderbetreuungs- und Haushaltshilfeangebote sind ein dicker Pluspunkt für ein Unternehmen bei der Wahl eines neuen Arbeitgebers. Konsequenterweise müssen Karrierechancen und Entlohnungssysteme für Mitarbeiter in Teilzeitstellen gleich sein wie für Vollzeitkräfte.

Ältere Arbeitnehmer

Viele Unternehmen schätzen gerade die Erfahrung und das Urteilsvermögen älterer Arbeitnehmer. Der umfangreiche Wissensschatz dieser Mitarbeiter soll nicht verloren gehen. Gerade im Hinblick auf die demographische Entwicklung wird es bald unumgänglich sein, Arbeitsmodelle speziell für ältere Mitarbeiter zu entwickeln. Das von der EU geförderte Projekt "Respect" (R easearch action for improving E lderly workers S afety, P roductivity, E fficiency and Competence T owards the new working environment) hat sich die Förderung der Gesundheit und Arbeitsfähigkeit älterer Menschen zum Ziel gesetzt. (7) Tandemmodelle zwischen älternen und jüngeren Mitarbeitern sind in manchen Firmen etabliert, Projektarbeit kommt gerade älteren Menschen entgegen, Teilzeitangebote werden gerne angenommen, wenn ein Mitarbeiter im Pensionsalter nicht mehr jeden Tag arbeiten will. (8)

Wer Diversity in Bezug auf eine altersgemischte Personalstruktur betreiben will, muss beim Einstellungsprozess auch älteren Bewerbern eine Chance geben, Qualifizierungs- und Weiterbildungsmaßnahmen auch für ältere Mitarbeiter öffnen. Vor allem dürfen nicht hauptsächlich ältere Mitarbeiter schon vor Erreichen des Rentenalters in den Ruhestand geschickt werden, wenn Personalabbau erforderlich ist. (7)

Homosexuelle Mitarbeiter

Man schätzt, dass 5 Prozent aller Deutschen homosexuell sind. Es ist daher davon auszugehen, dass ebenfalls etwa 5 Prozent aller Erwerbstätigen homosexuell veranlagt sind. War es bis vor kurzem fast undenkbar, dass ein Homosexueller mit seinem gleichgeschlechtlichen Partner auf einer firmeninternen Feier erscheint, sehen mittlerweile viele Personalchefs und Vorgesetzte den Mut und die Ehrlichkeit, die hinter dem Outing von schwulen oder lesbischen Mitarbeitern stecken. Da Schwulen ähnlich positive soziale Fähigkeiten wie Frauen nachgesagt werden, sind sie als Vorgesetzte oder Teammitglieder begehrt. Gegenüber Frauen haben sie aber definitiv den Vorteil, dass ihnen aufgrund ihres Geschlechts das Vordringen in männliche Führungszirkel leichter fällt. (10)

Gerade in Niederlassungen amerikanischer Firmen in Deutschland ist es schon seit geraumer Zeit die Norm, Netzwerke für Schwule und Lesben zu schaffen und deren spezielle Fähigkeiten zum Vorteil der Firma einzusetzen. Ein Klima der Toleranz und

Anerkennung schafft den Rahmen zum "normalen" Umgehen mit homosexuellen Kollegen und Mitarbeitern.

Mitarbeiter unterschiedlicher Kulturen und Rassen

Wer mit Moslems Bankgeschäfte tätigen will, sollte wissen, dass der Koran das Zahlen von Zinsen verbietet. (4) Wenn man mit Chinesen geschäftliche Verbindungen pflegt, ist es wichtig zu wissen, dass der Chinese aus Freundlichkeit immer Ja sagt, wenn er gefragt wird, ob er verstanden hätte. Wie man diese Klippen umschifft, aber auch wie man die Kulturunterschiede zum Vorteil nutzt, vermitteln interkulturelle Trainings. Auch Auslandsaufenthalte fördern das Verständnis für den Kollegen aus dem Ausland. Wer in einem Team aus Menschen verschiedener Länder oder Kulturkreise erfolgreich arbeiten will, muss eine grundsätzliche Offenheit für Menschen und fremde Kulturen mitbringen. Ein Unternehmen kann diesen Prozess bewusst fördern, wenn es dafür Sorge trägt, dass Arbeits- und Projektteams aus Deutschen und Ausländern gemischt besetzt werden. (11)

Wichtig ist hier besonders, dass man Kollegen anderer Kulturen wirkliche Anerkennung zukommen lässt. "Nur" Toleranz ist oft mit dem Gefühl des Duldens von Fremden, der Überlegenheit der deutschen oder westlichen Kultur besetzt. Während Toleranz oft ein einseitiger Prozess ist, beruht Anerkennung auf Gegenseitigkeit und fördert somit die wirkliche Diversität. (13)

Diversity Management ist ganzheitlich ausgerichtet

Obwohl jeder der oben genannten Bausteine für sich einen Schritt in die richtige Richtung bedeutet, kann das Prinzip des Diversity Management nur als ganzheitlicher Ansatz auf breite Akzeptanz und dadurch zum Erfolg führen. Da Diversity Management Respekt und Eingehen auf die Individualität des Einzelnen bedeutet, müssen die Bedürfnisse jeden einzelnen Mitarbeiters berücksichtigt werden. Es muss jedem die gleiche Chance geboten werden, egal welchem Geschlecht, welcher Religion, welchem Alter, welcher Kultur oder welcher sonstigen Gruppe er auch angehören mag. (2)

Dann wird sich der Erfolg auch an demographischen Belegschaftsdaten, der Mitarbeiterzufriedenheit, dem Image als Arbeitgeber, dem öffentlichen Ansehen, aber auch an der Kundenzufriedenheit und wirtschaftlichen Ergebnissen messen lassen.

Fallbeispiele

Kongresse und Fachmessen widmeten sich heuer ausführlich dem Thema Managing Diversity. Beim DGFP(Deutsche Gesellschaft für Personalführung e. V.)-Kongress im Juni in Wiesbaden wurden die Themen Diversity Management und Homosexuelle Mitarbeiter im Unternehmen ausführlich behandelt. (16) Das Frauenforschungskolloquium der GFFZ in Frankfurt tagte ebenfalls im Juni zum Thema "Gender / Managing Diversity in Lehre und Forschung an Fachhochschulen". (17)

Lufthansa ist das erste deutsche Unternehmen, das das Diversity-Konzept ohne Einwirkung von außen implementiert hat. Die Lufthansa Unternehmenskultur hat sich dabei zum Ziel gesetzt, jeden Mitarbeiter optimal seinen Fähigkeiten entsprechend einzusetzen, gleich welcher Herkunft, welchen Alters oder welchen Geschlechts. (2)

Auch das Ford-Diversity-Konzept umschließt alle Unterschiede, die Individuen ins Arbeitsleben einbringen. Zur Unterstützung des Programms hat Ford einen Diversity Manager benannt, der direkt dem Vorstand untersteht. (12) Das Ford-Konzept wurde heuer mit dem Max-Spohr-Management Preis des Bundesverbandes schwuler Führungskräfte (Völklinger Kreis) ausgezeichnet. (16) Dieser Preis ging ebenfalls an die Deutsche Bank, deren Programm nicht nur jegliche Diskriminierung untersagt, sondern auch die individuellen, persönlichen Hintergründe ihrer Mitarbeiter bewusst nutzt. (19)

Der Verein Total E-Quality Deutschland e. V. vergibt jedes Jahr die Auszeichnung "Total-E-Quality" an Unternehmen, die die Chancengleichheit in besonderer Weise verwirklicht haben. Procter & Gamble haben diesen Preis heuer schon zum zweiten Mal erhalten, auch die Sparkasse Saarbrücken wurde mit dem Prädikat bedacht. (14), (15)

Ein einzigartiges Modellprojekt zum "Gender Mainstreaming" läuft im Ordnungsamt Stuttgart. Dabei versucht man, für Männer und Frauen die individuelle Chancengleichheit unter Rücksicht auf die persönlichen Lebensumstände zu erreichen. (18)

Dem Homosexuellen-Netzwerk "Rainbow Group Germany" gehören etwa 150 Bankangestellte in Frankfurt an. Ins Leben gerufen wurde dieses

Netzwerk im Oktober 2000 nach der Fusion der Deutschen Bank mit der Bankers Trust New York Corp., bei der die Gleichbehandlung homosexueller Mitarbeiter bereits ein Thema war. (10), (20)

Weiterführende Literatur

(1) Melzer, Fabienne, Stammtisch-Sprüche und vergiftetes Klima, Süddeutsche Zeitung vom 03.08.2002, S. V1/15
aus Bonner General-Anzeiger, 15.06.2002, S. 25

(2) Dorica, die Prinzessin von der Lufthansa
aus Frankfurter Neue Presse, Südausgabe vom 26.07.2002, S. 16

(3) Poschardt, Ulf / Machold, Ulrich, Nur in weltoffenen, toleranten Metropolen ist Wachstum zu erwarten. Erfolg braucht eine glückliche, inspirierte, kreative Klasse, behaupten Wissenschaftler, Welt am Sonntag, Jg. 53, vom 14.07.2002, Nr. 28, S. 10
aus Frankfurter Neue Presse, Südausgabe vom 26.07.2002, S. 16

(4) A Trillion Reasons Why You Should Make Your Bank More Multicultural
aus American Banker, 19.07.2002, Vol. 167, No. 137, p. 8

(5) Bedürfnisse der Geschlechter im Blick
aus Stuttgarter Zeitung, 09.07.2002, S. 20

(6) Mütter im Dauerstress
aus Manager Magazin, 01.07.2002, Nr. 7, Seite 188

(7) Lücken in der Wahrnehmung
aus HORIZONT 26 vom 27.06.2002 Seite 040

(8) Hense-Ferch, Sabine, Es muss nicht immer Gartenarbeit sein, Süddeutsche Zeitung vom 18.06.2002, S. V2/18
aus HORIZONT 26 vom 27.06.2002 Seite 040

(9) Familie geht vor Karriere
aus Lebensmittel Zeitung 28 vom 12.07.2002 Seite 049

(10) Kriegsgewinnler der Frauenbewegung
aus Frankfurter Allgemeine Sonntagszeitung, 07.07.2002, Nr. 27, S. 41

(11) Chinesische und deutsche Marsmenschen Die seltsame Welt des interkulturellen Trainings oderWie man im Stuttgarter Institut für Auslandsbeziehungen die ganze Menschheit kennen lernen kann. Über einige äußerst aufschlussreiche Eindrücke von einem Seminar für deutsche Führungskräfte im Ausland. Der Gegenstand diesmal: China
aus taz, 12.06.2002, S. 15

(12) http://deu.mycareer.ford.com - Arbeiten@Ford - Diversity
aus taz, 12.06.2002, S. 15

(13) Moralgesättigt und gefährlich attraktiv
Reflexionen über die Toleranz und das, was sich unter

dem Deckmantel des Begriffs alles verbirgt / Von
Wilhelm Heitmeyer
aus Frankfurter Rundschau v. 16.07.2002, S.14

(14) Auszeichnung für Procter & Gamble
aus Lebensmittel Zeitung 21 vom 24.05.2002 Seite 049

(15) "Total E-Quality"-Preis für Sparkasse
Saarbrücken "Frauenförderung beispielhaft"
aus Die SparkassenZeitung, 31.05.2002, Nr. 22, S. 12

(16) http://www.dgfp.de - DGFP w. V. - Über uns -
Presse - 13. Juni 2002 - Bilanz des DGFP-Kongresses in
Wiesbaden
aus Die SparkassenZeitung, 31.05.2002, Nr. 22, S. 12

(17) "Schlachtrösser der Emanzipation" als Zugpferde
der Wissenschaft Das Frauenforschungszentrum der
hessischen Fachhochschulen versteht sich als
Netzwerk und Öffentlichkeitsforum
aus Frankfurter Rundschau v. 19.06.2002, S.29,
Ausgabe: S Stadt

(18) Ein Notfalltelefon könnte Fehlzeiten abbauen
helfen
aus Stuttgarter Zeitung, 12.07.2002, S. 23

(19) Preis-verdächtig
aus bank und markt Nr. 06 vom 01.06.2002 Seite 009

(20) "Banken hinken hinterher" Im Gay Bankers
Network sammeln sich schwule Manager
aus Frankfurter Rundschau v. 20.07.2002, S.29,

Ausgabe: R Region

Impressum

Diversity Management

Bibliografische Information der deutschen Nationalbibliothek

Die Deutsche Nationalbibliothek verzeichnet diese Publikation in der deutschen Nationalbibliografie; detaillierte bibliografische Daten sind im Internet über http://dnb.d-nb.de abrufbar.

ISBN: 978-3-7379-0147-5

© 2015 GBI-Genios Deutsche Wirtschaftsdatenbank GmbH, Freischützstraße 96, 81927 München, www.genios.de

Alle Rechte vorbehalten. Dieses Werk ist einschließlich aller seiner Teile – z.B. Texte, Tabellen und Grafiken - urheberrechtlich geschützt. Jede Verwertung außerhalb der Grenzen des Urheberrechtsgesetzes bedarf der vorherigen Zustimmung des Verlags. Dies gilt insbesondere auch für auszugsweise Nachdrucke, fotomechanische Vervielfältigungen (Fotokopie/Mikroskopie), Übersetzungen, Auswertungen durch Datenbanken oder ähnliche Einrichtungen und die Einspeicherung und Verarbeitung in elektronischen Systemen.